Ocultismo Semi-ocultismo e Pseudo-ocultismo

Annie Besant

Ocultismo Semi-ocultismo e Pseudo-ocultismo

Tradução
Marly Winckler

EDITORA TEOSÓFICA
Brasília-DF

Título do Original em Inglês
Occultism, Semi-Occultism and Pseudo-Occultism
The Theosophical Publishing House
Adyar, Madras, Índia

EDITORA TEOSÓFICA, Sociedade Civil
SGAS — Quadra 603 — Módulo 20
70.200-630 — Brasília-DF — Brasil
Tel.: (061) 322-7843
Fax: (061) 226-3703

	Annie Besant
B 554	Ocultismo, Semi-ocultismo e Pseudo-ocultismo
	Brasília, 1996
	ISBN 85-85961-06-6
	CDD 130

Capa
Marcelo Ramos
Composição/Diagramação
Reginaldo Alves Araújo
Equipe de Revisão
Carlos Cardoso Aveline,
Regina Vitória Ruzzante e
Zeneida Cereja da Silva.

NOTA DA EDIÇÃO BRASILEIRA

Serão certas práticas — como a do tarô, a da quiromancia, a da geomancia e outras semelhantes — obstáculos, na verdade, para o crescimento espiritual do ser humano? O que é ocultismo do ponto de vista da sabedoria eterna? Por que é preciso deixar de lado todo egoísmo pessoal para buscar o verdadeiro caminho da sabedoria oculta?

Essas questões desafiadoras foram respondidas por Annie Besant um século atrás, em uma noite de verão, durante uma palestra proferida em tom coloquial a seus companheiros teosofistas da cidade de Londres. E suas palavras permanecem atuais, quando as chamadas *artes ocultas* e todos os aspectos transcendentes da vida chamam a atenção de milhões de pessoas ávidas de conhecimento verdadeiro sobre a arte de viver.

Este pequeno livro é uma transcrição daquela palestra inspirada — e inspiradora — de Annie Besant. E traz uma contribuição decisiva para que reflitamos sobre como podemos nos aproximar da sabedoria eterna — e também como não podemos fazê-lo.

Ex-presidente internacional da Sociedade Teosófica, Annie Besant (1847-1933) tem dezenas de livros publicados — cujas edições se esgotam até hoje nas principais línguas do mundo — e está entre os maiores místicos e ocultistas do século 20.

Os editores.

Brasília, 25 de Abril de 1996.

Ocultismo, Semi-ocultismo e Pseudo-ocultismo*

Ao falar nesta loja pela primeira vez após retornar da Índia, penso que não lhes pareceria estranho nem inadequado que eu escolhesse um tema integralmente extraído da história indiana; não a história da nação a partir de um ponto de vista externo, mas a história daquela linha interna de pensamento que é do mais profundo interesse para

* Palestra realizada em 30.06.1898, na Loja Blavatsky, Londres. (N. ed. indiana)

nós, como estudantes e como teosofistas. E, visto que a história continuamente se repete, tal estudo pode nos oferecer pontos instrutivos em nossa própria época. Para isso, peço-lhes considerarem comigo o que eu talvez possa definir — embora uma definição seja um pouco difícil — em primeiro lugar como ocultismo; depois, o que pode ser chamado de semi-ocultismo; e, em terceiro lugar, os resultados que se seguem e que cercam os mesmos e que são especialmente marcantes e ativos em qualquer época em que o verdadeiro ocultismo estiver em atividade no mundo.

É um erro bastante comum, cometido por muitas pessoas, supor que as forças espirituais têm em si algo que preferem qualificar de não-prático. Muitas vezes, mencionamos uma suposição — dada como certa e sobre a qual não se argumenta — de que se uma nação, por exemplo, se voltasse para um ideal espiritual, ou se seus indivíduos se devotassem à vida espiritual, tal nação, provavelmente, não se sobressairia em outros caminhos mais evidentes e visíveis, e tais indivíduos, provavelmente, perderiam muito daquilo que é considerado como seu valor prático no mundo. Esta visão da vida é um grande erro. A liberação de forças espirituais e de energias do plano espiritual tem um efeito muito maior, tanto no indivíduo quanto na nação, em diferentes áreas de suas atividades, do que o produzido por qualquer força iniciada nos planos inferiores da vida. Quando uma energia espiritual é liberada, ela desce pouco a pouco através de outros planos da existência, dando origem, em cada plano, a uma liberação de energia e ocasionando resultados cuja grandeza será proporcional à natureza da força espiritual. De modo que é um fato verdadeiro na história — como vocês podem constatar pelo estudo — que, ao se liberarem forças espirituais, a vida intelectual de uma nação dá também um enorme salto para a frente com extraordinária energia; a vida emocional da nação apresenta um novo desenvolvimento e, até mesmo ao nível do plano mais baixo de todos, o físico, surgirão resultados muito além de tudo que se poderia alcançar através de energias do plano físico que são postas a funcionar e que, aparentemente, causam estes resultados. Este é um princípio, uma lei que lhes peço para ter em mente durante a exposição que farei; isto é, que toda força iniciada nos planos superiores, à medida que passa para os inferiores, produz resultados proporcionais a si mesma. Portanto, a visão que imagina ser a devoção à vida espiritual — a evolução do indivíduo no mundo espiritual — algo diferente da imensa soma de todas as forças de progresso operantes no mundo, ou algo diferente de uma ascensão do mundo na grande escada a galgar, é uma visão míope da vida e das atividades humanas.

Mas há outro princípio que também temos de ter em mente em nosso estudo, qual seja, à proporção que são liberadas energias em qualquer plano, os resultados gerados por estas forças irão variar em seu caráter de acordo com aqueles que utilizam estas energias após sua liberação. Como já indicamos aqui muitas vezes, as energias em diferentes planos da natureza não são boas nem más em si mesmas. Força é força, energia é energia. As idéias de bom e mau, de certo e errado, de moralidade e imoralidade, quando introduzidas, surgem de resultados gerados por indivíduos na utilização das forças. Uma época, portanto, de grande energia espiritual, de grande liberação de forças do plano espiritual, será marcada em grande medida por atividades de caráter oposto nos planos inferiores da existência, e aquelas energias liberadas em cada plano podem ser captadas e usadas por indivíduos para o que podemos chamar de bem, ou de mal.

A grande característica do bem ou do mal, analisada a partir deste ponto de vista, nasce da utilização que o indivíduo faz dessas forças ou da parcela delas que é capaz de controlar; se as está usando para a elevação da humanidade, se as está considerando como a energia divina que pode usar para promover o propósito divino, ou se está simplesmente tentando se apossar delas para seus próprios fins isolados, lutando para aplicá-las para aquilo que ele deseja obter e manter, servindo seus próprios propósitos sem considerar a economia divina. Isso, como eu disse anteriormente devemos ter em mente, em primeiro lugar, como uma lição a seguir, algo do passado da Índia; e, em seguida, devemos aplicar a lição, até aqui aprendida, ao movimento que conhecemos entre nós nos dias de hoje, o grande movimento espiritual que está se manifestando no mundo, do qual a Sociedade Teosófica é uma de suas expressões mais fortes.

Em primeiro lugar, o que é ocultismo? A palavra é usada — e mal usada — nos sentidos mais extraordinários. H.P. Blavatsky certa vez definiu-a como o estudo da mente na natureza, dando à palavra mente, nesse contexto, o significado de Mente Divina. Trata-se, então, do estudo da obra de Deus no universo; o estudo de todas as energias que, advindas do centro espiritual, atuam nos mundos ao nosso redor. É o estudo do lado vital do universo, o lado de onde tudo procede e a partir do qual tudo é modelado; é olhar, através da forma ilusória, a realidade que a tudo anima; é o estudo do que está subjacente a todos os fenômenos; é o cessar de ser totalmente cegado pelas aparências nas quais tão constantemente nos movemos e pelas quais somos iludidos tão continuamente; é o penetrar além do véu de *maya** e perceber a realidade, o Eu uno, a vida una, a força una, aquilo que está em tudo e em todas as coisas.

---

* *Maya,* palavra sânscrita que significa ilusão. (N. ed. bras.)

Podemos dizer, portanto, que o verdadeiro ocultismo, no real sentido da palavra, é idêntico à visão expressa no *Bhagavad-Gita*, quando Sri Krishna declara que "aquele que Me vê" — isto é, aquele que vê o Eu Uno — "em tudo, e tudo em Mim, realmente vê". Tal estudo, se entendermos de forma absoluta suas implicações, deve necessariamente significar o desenvolvimento — naquele que vê — das mais elevadas faculdades espirituais, pois apenas pelo Espírito pode o Espírito ser conhecido. Falamos continuamente em comprovar esta ou aquela verdade espiritual. Não há prova real possível do Espírito, exceto através do Espírito; não há provas intelectual, emocional ou física que sejam válidas quando tratamos com a realidade do Espírito. Nenhum tipo de prova — física, emocional ou intelectual — pode ser mais que sugestão, reflexo da verdade, analogia que nos pode levar para o caminho certo, mas não pode ser prova no verdadeiro sentido da palavra. Está escrito acertadamente em uma das grandes escrituras indianas, e é repetido em outras escrituras do mundo, que não há prova de Deus no pleno sentido da palavra exceto a crença no Espírito, pois somente o Espírito que é semelhante a Ele e que é Ele próprio, é capaz de conhecer, é capaz de tocar.

Ora, examinando o verdadeiro ocultismo definido dessa forma, compreendendo que ninguém pode ser ocultista no pleno sentido da palavra, exceto aquele em quem a natureza espiritual encontra-se desenvolvida e ativa, deveríamos, no momento seguinte, ser capazes de separar deste verdadeiro ocultismo muito daquilo dito em seu nome, tanto no passado quanto no presente, por aqueles que existiram antes de nós e por aqueles que estão entre nós hoje. Mas precisamos, ao avaliar todas estas formas do que se chama ocultismo, distinguir entre aquelas que podem ser consideradas em certo sentido como degraus para o real — intencionalmente definidas como degraus por aqueles que as deram ao mundo, e que podem ser usadas para o progresso — e outras formas, não incluídas de fato no conceito de *ocultismo*, no verdadeiro sentido do termo, e que correspondem àquilo que H.P. Blavatsky chamou certa vez de artes ocultas. Para muitos essas artes parecem conter tudo o que consideram como ocultismo — artes nas quais certas forças da natureza são utilizadas e determinadas faculdades são desenvolvidas nos vários planos da natureza inferiores ao espiritual; pois existem mundos acima do que chamamos físico, que se encontram, ainda assim, abaixo das regiões espirituais, com os quais o homem entra em contato através do desenvolvimento de certas faculdades, capacitando-o a controlar e utilizar suas próprias forças. Existe realmente uma quantidade enorme de artes e linhas de estudo deste tipo, que não deveria ocupar o pensamento nem do verdadeiro estudante, nem de quem quer que busque a verdade mais elevada, quando esse pensamento se volta para o ocultismo. Alguns de vocês podem superar muitas idéias confusas sobre este tema examinando o texto de H.P. Blavatsky *Ocultismo versus Ciências Ocultas**, onde ela traça a linha divisória de forma extremamente clara e mostra a posição que estas artes ocultas ocupam, e que deveríamos saber identificar, quando estamos tratando da evolução humana.

Peço-lhes, então, em primeiro lugar, que voltem seus pensamentos para

---

* Este texto de H.P.B. faz parte do livro "*Ocultismo Prático*", Ed. Pensamento. (N. ed. bras.)

o verdadeiro ocultismo, tendo em mente que a sua busca implica, como disse, o desenvolvimento da natureza espiritual. Ora, no momento em que falamos do desenvolvimento da natureza espiritual, devemos desde logo reconhecer que, para a maior parte de nós, esse desenvolvimento encontra-se necessariamente no futuro, mas que podemos começar a trabalhar nesta direção hoje. É de enorme importância para nosso verdadeiro progresso reconhecermos isso e trabalharmos nessa direção, para não perdermos nosso tempo, nem desperdiçarmos possivelmente muitas vidas ao seguir cegamente desvios e caminhos equivocados por não compreender a natureza desse desenvolvimento. O desenvolvimento da natureza espiritual deve vir depois — e este é um dos pontos mais importantes que podemos compreender — deve vir depois da purificação das partes inferiores de nossa natureza. Temos de ser emocional e intelectualmente puros, devemos ter alcançado um certo estágio — ao menos de eliminação da personalidade — antes que qualquer coisa que possamos acertadamente chamar de progresso espiritual esteja ao nosso alcance. "Nenhuma quantidade de desenvolvimento meramente intelectual — e voltarei a este ponto, pois não quero de modo algum depreciar esta linha tão necessária de crescimento humano — produzirá por si só o desenvolvimento da natureza espiritual. Tratarei mais profundamente da razão fundamental para isso em uma palestra futura, mas devo dizer, de passagem, que o desenvolvimento da natureza espiritual e da natureza intelectual estão em direta oposição em um aspecto decisivo. O princípio que chamamos intelecto é o que analisa, divide e separa. O verdadeiro propósito da sua evolução é a construção do indivíduo; suas raízes estão em *ahamkara* — a faculdade que *faz* o eu. *Ahamkara* é aquilo que limita, define, separa, diferencia cada homem de todos os outros. Tece o que podemos chamar de camada externa de egoísmo, absolutamente necessária em certo estágio da evolução, e parte integrante do nosso desenvolvimento neste mundo. Trata-se de um estágio através do qual toda a humanidade deve passar, mas que, considerado por si mesmo, cria todas aquelas ilusões que o Espírito transcende e dá o toque de aparente realidade ao eu separado, o eu antagônico, o eu que cobiça, domina, agarra e se lança contra todos os demais. Portanto, aquilo que podemos chamar de o próprio princípio da ilusão é representado por esta faculdade intelectual.

Embora seja necessária a evolução intelectual, neste ponto ela está em antagonismo com a evolução espiritual, pois a evolução espiritual significa o reconhecimento e o desenvolvimento do Eu Uno em atividade manifestada, primeiro no interior daquele revestimento formado pelo intelecto e, a seguir, transcendendo o intelecto e gerando a unidade plena que é o objetivo de nossa evolução humana. É por isso que colocamos a unidade da humanidade nas regiões espirituais e proclamamos a fraternidade da humanidade como uma realidade espiritual; pois o Espírito é uno, e somente à medida que esta unidade é reconhecida conscientemente — não apenas vista intelectualmente, mas compreendida de modo consciente — somente à medida que isso for feito a natureza espiritual estará no curso da evolução.

Visto que o intelecto separa e o Espírito unifica, que o primeiro produz ilusão, enquanto o segundo a transcende, que um é a fonte da individualidade e da personalidade, enquanto o outro é a fonte daquela unidade que buscamos e devemos realizar, logo perceberemos que, no curso da evolução, estas duas partes da natureza não podem ser consideradas como causa e conseqüência no estrito sentido do termo. Não podemos dizer que o desenvolvimento da natureza intelectual levará inevitavelmente ao desenvolvimento da natureza espiritual. Ao contrário, temos de aprender que não somos o intelecto, mas devemos usar o intelecto como um instrumento; que não somos o eu separado, mas o Eu Uno vivendo em tudo. Este é o objetivo de nossa evolução. Esta é a meta de nossa peregrinação; e, portanto, o ocultismo, que significa o estudo e o desenvolvimento da natureza espiritual, deve transcender completamente a evolução intelectual. Em seus estágios iniciais, o ocultismo pode encontrar, e de fato encontra, seu pior e mais perigoso inimigo naquele verdadeiro criador de ilusões contra o qual, vocês devem lembrar, somos advertidos em *A Voz do Silêncio* — este livro tão espiritual que abriu o caminho da vida espiritual para tantos de nós. Reconhecendo isso, devemos naturalmente ter a expectativa da evolução espiritual como algo pelo que devemos trabalhar, em vez de algo a ser alcançado no estágio em que nos encontramos no momento. Devemos também estar preparados para compreender a imensa dificuldade de tal empreendimento, para compreender o quanto terá de ser feito na formação do caráter e na transformação da natureza, quão tremendas são as exigências que devemos atender, antes que esteja realmente ao nosso alcance qualquer coisa — no sentido estrito do termo — a que se dê o nome de ocultismo.

Na história do passado, quando o verdadeiro ocultismo era a vida do mundo, quando aquela grande fonte de vida espiritual fluía dos Seres nos quais a natureza espiritual estava completamente desenvolvida, quando o mundo extraía sua luz e sua vida de tais Seres, obviamente não era possível que seu conhecimento, seus poderes e seu trabalho pudessem ser amplamente repartidos com a humanidade não desenvolvida, ou até mesmo com a humanidade comparativamente avançada que os cercava. Menos ainda era possível que uma parte substancial de seus ensinamentos, ou uma verdadeira compreensão de seu trabalho e seus métodos pudessem ser alcançados pelas pessoas em geral; e, contudo, era necessário que fossem criados elos e cumpridas etapas, por assim dizer. Disso resultou que os homens mais avançados — embora a natureza espiritual neles ainda não estivesse totalmente evoluída —, homens de grandes poderes, que despontam em nossa história como gigantes da humanidade, lutaram para possibilitar à parcela da humanidade que progredia alguma compreensão do caminho ascendente que precisa ser trilhado, alguma compreensão dos métodos que devem ser adotados para que possa haver uma aproximação daquelas regiões espirituais.

Esses homens, apesar de grandes, não eram, como disse, homens nos quais a natureza espiritual estivesse completamente desenvolvida, suprema, completa. Em muitos casos, sua evolução — e falo com toda reverência por aqueles que são tão maiores que nós — deu-se excessivamente ao longo de uma linha, em detrimento de outras linhas de seu desenvolvimento; de forma que um homem podia ter poderes intelectuais enormemente desenvolvidos, mas um caráter moral talvez menos perfeito; outro podia ter feito grande avanço em devoção e não ter desenvolvido muito a força intelectual; outro ainda podia ter despertado agudamente para as necessidades religiosas do homem e não estar tão interessado em sua evolução filosófica; e ainda outro podia ter voltado sua atenção para o desenvolvimento de certos aspectos da natureza humana que tocam as regiões físicas da existência, e até mesmo para o desenvolvimento forçado de faculdades que, quando construídas a partir do que é inferior, colocam-no em contato com partes do mundo astral ou mental inferior e podem forçar aquelas faculdades e parte da sua natureza a avançar do mesmo modo para a evolução mental e moral. Vocês logo perceberão que os indivíduos podem ter progredido ao longo destas várias linhas, e que cada homem seria caracterizado, em seu pensamento e seu esforço para servir a humanidade, por suas próprias qualidades, os atributos que ele desenvolveu especialmente. Portanto, olhando para trás, para a história antiga da Índia, encontramos grandes instrutores — *Rishis*, como eram chamados — de muitos tipos diferentes, cada um oferecendo à nação a grande dádiva de seus pensamentos ou de seus conhecimentos, com o propósito de auxiliar as almas mais avançadas daquela nação em um progresso que deveria culminar na evolução espiritual. Daí surgiram, para citar um exemplo concreto, os grandes sistemas filosóficos do pensamento indiano, como o sistema do Vedanta. Considerado como um sistema intelectual de filosofia pura, ele descreve de forma magnífica uma visão do universo, do Eu Uno, da vida una e de suas manifestações como ilusórias no sentido filosófico mais profundo, que serve como um treinamento intelectual, um passo que os homens precisam dar para aprender algo dos mistérios do universo. Este sistema, quando estudado à parte do *Yoga*, o único que pode torná-lo prático, pode ser classificado como semi-ocultismo. É um sistema verdadeiro dentro de sua própria esfera, um sistema que tem o propósito de auxiliar o progresso da humanidade e é capaz de ser captado, seguido e estudado somente por almas de mentalidade já avançada; mas, não obstante, não é a verdade espiritual; é apenas uma apresentação intelectual de um aspecto dela.

Há algo que deve sempre ser lembrado. O Espírito jamais pode ser expresso em termos intelectuais; o Uno jamais pode ser captado em termos da diversidade, e qualquer apresentação intelectual da verdade espiritual deve necessariamente ser parcial, deve necessariamente ser imperfeita, deve ser, como é dito com freqüência, uma vidraça colorida através da qual a luz branca é vista; um raio que passa através do prisma do intelecto e que fragmenta a luz branca do Espírito, mostrando-a em cores variadas como raios esparsos, cada um dos quais imperfeito em si mesmo. Portanto, uma das grandes dádivas da Índia antiga, que nos chegou como resultado do verdadeiro ocultismo, como resultado da poderosa vida espiritual, foi a filosofia do Vedanta e todos aqueles sistemas intelectuais que têm o propósito de treinar o homem e dar-lhe uma visão da realidade espiritual, até onde o intelecto pode fazer isso. Mas lembrem-se da ressalva "até onde o intelecto pode fazer isso!" A visão intelectual é apenas parcial, e esta visão, apesar de poder auxiliar o homem a ver algo das possibilidades da vida superior, jamais pode fazê-lo perceber conscientemente ou alcançar o verdadeiro conhecimento que vem apenas por meio da evolução da própria natureza espiritual.

Ao longo de outra linha de atividade avançam as muitas escolas de *Yoga*. Estas escolas, como vocês bem sabem, eram muito variadas em sua natureza. Algumas delas foram criadas para desenvolver a consciência intelectual superior no homem por meio da concentração e da meditação, e, assim, colocá-lo em contato com os níveis superiores do seu ser; tinham o propósito de levá-lo, passo a passo, a libertar-se do corpo, a passar conscientemente aos mundos superiores, de modo que sua consciência pudesse funcionar naqueles reinos mais amplos da realidade. Encontramos muitos dos ensinamentos do *Yoga* — vocês podem ler a respeito destes sistemas sob a ampla classificação de *Raja*

Yoga — cuidadosamente adaptados para auxiliar o desenvolvimento da mente e das faculdades mentais mais sublimes; a elevação para os planos intelectuais mais elevados; e a passagem para estados de consciência muito além do alcance da humanidade comum. São, mais uma vez, degraus oferecidos, mas ainda sob esta denominação que chamei de semi-ocultismo.

Foram fundadas outras escolas que tratavam com o homem de modo diferente e lutavam para forçar suas faculdades a partir do inferior, para forçar a evolução e o treinamento das faculdades astrais, para colocá-lo primeiramente em contato com o mundo astral, e familiarizá-lo com uma parte do universo fenomênico estreitamente associada ao material. Estas foram classificadas geralmente como as escolas de *Hatha Yoga*, em que eram empregados vários métodos que tratavam com os veículos inferiores do homem. Por intermédio desses métodos, o corpo era treinado, em grande medida purificado e transformado em um instrumento obediente. O poder da vontade também era enormemente desenvolvido. Ensinava-se ao homem a ser o mestre de sua natureza inferior e, assim, a dar o que em muitos casos era um verdadeiro passo à frente, embora não possamos incluir esta escola em hipótese alguma sob a denominação de verdadeiro ocultismo.

Temos de lembrar — ao tratarmos de todas essas escolas, ao olharmos para elas e nos esforçarmos para discernir sua utilidade e seus excessos — que é algo grandioso para um homem tornar-se mestre de suas paixões. É algo grandioso sujeitar a natureza animal, ser capaz de permanecer inabalável, sem levar em conta que tentações possam atacar o homem inferior. E muitas, realmente muitas dessas escolas, das quais tantas vezes o Ocidente zomba e menospreza, ainda possuem este elemento, ou seja, pelo menos reconhecem que a natureza intelectual do homem deveria ser o mestre de sua natureza sensual e que ele deveria aprender a controlar completamente o corpo e as paixões. E, mesmo ao longo de muitas das linhas mais escuras de evolução, mesmo as escolas que trilham aquele caminho que todos os buscadores do superior deveriam cuidadosamente evitar, insistem rigorosamente na subjugação da natureza inferior. Apenas o ignorante supõe que todas aquelas escolas obscuras são dadas a práticas sensuais. Muitos seguidores dessas escolas levam uma vida que, no que tange ao aspecto material, poderia ser tomada como exemplo pela grande maioria dos homens do mundo ocidental.

Ora, todas essas diferentes escolas nasceram e floresceram na Índia antiga como resultado do grande fluxo de energia das regiões espirituais para os planos inferiores e, naturalmente, foram usadas tanto para propósitos egoístas quanto altruístas. Mas, ao encarar todas estas escolas de *Yoga* que treinam o intelecto e desenvolvem as formas mais elevadas de consciência intelectual, temos de lembrar que são verdadeiros degraus para o mais elevado, e que há um estágio necessário em nosso progresso em que devemos praticar a concentração e a meditação, e acostumar-nos a contemplar — intelectual e emocionalmente — os ideais que nos atraem por sua grandeza e nobreza. Estas são etapas em nosso caminho ascendente, estágios que muitos de nós fariam bem em percorrer agora, com vistas ao desenvolvimento superior — a profunda sabedoria do futuro. Os homens optaram por todas estas variadas linhas de evolução movidos fundamentalmente pela solicitação da Vida Divina dentro de si, que está sempre buscando elevá-los e auxiliar seu crescimento ascendente; movidos, até onde eles próprios eram conscientes, pelo desejo natural e legítimo de evolução superior, de mais progresso e de crescimento na vida. Pois, como muitas vezes observamos quando estudamos o progresso, não podemos saltar de repente até as alturas da vida espiritual; temos de galgar o caminho passo a passo, temos de utilizar os pensamentos mais elevados em nós para subjugar os inferiores, e, então, a seu tempo, superar este nível mais elevado quando uma altura ainda maior entra para nosso campo de visão e podemos alcançá-la.

Temos aprendido em nossos estudos que podemos eliminar constantemente as ambições inferiores nutrindo ambições superiores e que, embora esta ambição superior ainda esteja vinculada à personalidade — ou mesmo transcendendo a personalidade, permaneça no entanto vinculada ao indivíduo — ainda assim, ela é um degrau, é um dos caminhos pelos quais avançamos. Fazemos bem em matar continuamente nossos desejos inferiores, substituindo-os por superiores, mesmo que estes, por sua vez, pareçam inferiores à medida que nos elevamos acima deles e que surgem maiores aperfeiçoamentos, lentamente, na esfera de nossa visão. Portanto, esta aspiração por uma vida superior, este desejo de desenvolvimento e esta ânsia por progresso tinham — e têm — seu lugar legítimo na evolução; e é entre os que sentem isso, entre os que usam os métodos que tornam o progresso possível, que são escolhidos aqueles que estão aptos para uma evolução adicional. Eles aprenderam gradualmente a transcender o desejo de progresso individual e aprenderam que isso também é ilusório, na plena acepção do termo, que a vida separada é uma ilusão e não pode existir separada nas regiões superiores. A vida verdadeira é a vida despendida como parte da Vida Divina, fluindo para os demais; e nenhuma vida é verdadeira, nenhuma vida é real, nenhuma vida é espiritual, a não ser que a própria idéia de vida separada seja inteiramente transcendida, e todos os pensamentos da existência, todas as energias da vida, fluam como parte do Eu Uno, e não seja reconhecida distinção alguma. O serviço é, então, a expressão natural da vida; é na ajuda que se sente a verdadeira existência. Mas, antes que seja possível compreender este ideal — mesmo que intelectualmente — pelo menos algum progresso deve ter sido feito no sentido de transcender a personalidade. Foi para tornar isso possível a cada homem imerso na ilusão, como estiveram e estão todos os homens, que os vários métodos foram sugeridos por aqueles que, de bom grado, auxiliam seus semelhantes a avançar para novas etapas no caminho ascendente.

Outros, ao verem o caminho mais fácil de ascensão no instinto religioso do homem — naquele lado de sua natureza associado às emoções, em que a devoção encontra suas raízes e possibilidades de desenvolvimento — deram ao mundo as várias formas de religião adaptadas às diferentes necessidades humanas, tornando assim o caminho ascendente adequado para aqueles que se sentiam atraídos principalmente na direção do amor e do serviço. Percebendo, então, que todos esses métodos de desenvolvimento eram muito ativos na época em que a vida real operava no coração das coisas, não será difícil compreender por que — à medida que esta vida encontrou poucos canais para sua expressão no mundo, e poucas pessoas que estavam prontas a transcender suas próprias limitações e a entregar-se totalmente como canais da Vida Divina — todos estes métodos foram perdendo sua vitalidade e grande parte da sua utilidade. E, assim, ao olharmos para a Índia hoje, percebemos que muito daquilo que estava vivo, agora está morto; que muitos dos sistemas que foram vitais são, agora, meros revestimentos; sendo tema de disputa intelectual ou orgulho individual, mas não mais degraus para a vida superior. Aqui e ali ainda sobrevive algum indício da verdadeira vida, algum uso real ainda é feito destes degraus ascendentes; mas no que tange às grandes massas, restam apenas meros revestimentos e formas — indícios do que existiu no passado, e indícios, ousamos esperar, do que será o futuro.

Não é necessário lembrar-lhes que enquanto o semi-ocultismo pode servir como um degrau para o verdadeiro ocultismo, o pseudo-ocultismo é, em geral, um nítido obstáculo e um impedimento. Sob esta denominação podem ser classificadas todas as "artes ocultas", no estudo das quais muitos iniciantes promissores perderam-se e desperdiçaram suas vidas.

Geomancia, quiromancia, tarô e assim por diante, todas estas coisas são muito boas para aqueles que desejam trilhar os desvios da natureza e reunir conhecimento de suas operações obscuras.

Eles podem ser inofensivos, interessantes, até mesmo úteis em pequenas coisas, *mas não são ocultismo, e seus professores não são ocultistas.* Um pequeno êxito neste rumo — o que não exige muito da mente nem do coração — pode alimentar a mais absurda vaidade e pretensão, como se esta brincadeira com as *apsaras** do reino do ocultismo convertesse um homem comum em um de seus governantes, um mago. Um homem pode ter sido mestre de todas estas artes e, ainda assim, estar muito mais distante do ocultismo do que uma mulher pura e altruísta que busca somente

---

* Forças inferiores da natureza. Glossário Teosófico, Ed. Ground. (N. ed. bras.)

o amor e o serviço, ou do que um homem generoso, de alma limpa, devotado ao auxílio de seus semelhantes. E, se estas artes voltam-se para propósitos egoístas ou nutrem a vaidade, seu instrutor pode encontrar-se perigosamente próximo do portal do caminho da esquerda*.

Ao olharmos para a aplicação disso ao nosso momento presente, a lição salta facilmente aos olhos. Novamente, em nossos próprios dias, ocorreu uma grande difusão de vida real, mais uma vez foi feito um esforço — por aqueles que são os guardiães, os receptáculos daquela vida profunda para nos-

* "Caminho da esquerda": magia negra, uso de forças transcendentes para fins pessoais egoístas. (N. ed. bras.)

sa humanidade — no sentido de difundir as verdadeiras energias espirituais para o auxílio e elevação do homem em cada região de seu ser, e para a manifestação, outra vez, da possibilidade de uma vida real. Isto tem sido marcado por certas afirmações explícitas feitas de tempos em tempos, por alusões lançadas aqui e ali por aquela que foi a mensageira especial, em nossa era*, desta possibilidade agora aberta para a raça humana. E há uma passagem naquele texto, ao qual me referi no início,** que nos dá em uma frase a realidade da vida: ali está dito que quando um homem

---

* Helena Petrovna Blavatsky. (N. ed. bras.)

** *Ocultismo versus Ciências Ocultas*, parte do livro *Ocultismo Prático*, de H.P.B. (N. ed. bras.)

é um verdadeiro ocultista, passa a ser somente uma força para o bem do mundo. Eis uma frase que muitas pessoas lêem sem compreender nada do seu significado, uma frase que vem em meio a muitas outras e não impressiona com toda força as mentes e os corações despreparados. Pois muitas coisas podem ser ditas e perdidas por falta de receptividade, e muitas verdades proclamadas permanecem escuras e silenciosas, exceto para aqueles cujos olhos estão começando a se abrir para ver e cujos ouvidos estão começando a se abrir para ouvir.

Esta afirmação, que realmente define a vida oculta em poucas palavras, é uma idéia pela qual a maioria dos leitores passa sem compreender seu significado. Não há verdadeira vida espiritual, não há verdadeiro ocultismo, até que o homem reconheça pelo menos que a meta de sua vida é tornar-se uma força que atua pelo bem no mundo, e somente isso. Ele não busca mais seu próprio progresso, não busca mais sua própria vida, não busca mais seu próprio desenvolvimento — não busca mais algo que o céu, ou a terra, ou qualquer outro mundo possam dar-lhe. Tão somente uma coisa ficou com ele — o desejo de servir; só uma coisa é o motivo de sua existência — ser um canal para a grande vida de Deus; permitir que esta vida se propague mais efetivamente sobre o mundo dos homens e sobre todos os mundos onde aquela vida existe.

Quando isso é reconhecido, mesmo que de forma remota, quando este ideal surge no início vagamente no coração humano — venha ele através da percepção intelectual da sua força sublime ou através do reconhecimento devocional da sua verdade — então, pela primeira vez, a vida espiritual começa a mover-se dentro do homem, e o primeiro germe da natureza espiritual começa a despertar para a vida. E assim começamos a compreender que se o verdadeiro ocultismo pudesse ser alcançado e compreendido por qualquer um de nós, teríamos de começar a preparação para ele trabalhando o caráter na forma pela qual todas as religiões o ensinam. Quantas vezes ouvimos em nosso próprio meio:

"Conhecemos todas estas verdades morais; nada há de novo na Teosofia quando ela simplesmente reitera a moralidade antiga. Quando nos dizem para não sermos egoístas, para procurarmos ajudar os outros em seu progresso, para eliminarmos a personalidade, para corrigirmos nossos erros, trata-se de uma história antiga que já cansamos de ouvir. Queremos algo novo, queremos algum conhecimento novo, fatos do mundo astral, coisas estranhas da região mental — isso é o que exigimos da Teosofia, isso é o que buscamos. Não desejamos ser pressionados com estas máximas éticas, estas contínuas repetições, estas histórias do mundo antigo que todas as religiões já tornaram familiares e que podemos ouvir em qualquer púlpito". E, ainda assim, a verdade é que a vida espiritual só é possível para o homem ao longo deste caminho; que os Instrutores Divinos que deram as religiões para o mundo insistindo permanentemente na moralidade, deram-nas conhecendo a vida espiritual e sabendo que, somente ao longo desta linha, o verdadeiro progresso do homem para a unidade com Deus era possível. E quando foi mais uma vez declarado pelos lábios de Cristo que só pode ganhar a vida aquele que a perdeu, que aqueles que querem ser perfeitos devem sacrificar tudo que têm, quando ele novamente reiterou o ensinamento antigo de que *estreito era o caminho e reto o portal,** ele estava apenas repetindo o que todos os verdadeiros ocultistas têm ensinado como sendo o treinamento necessário para a vida espiritual.

À medida que o progresso é feito, todos os métodos de *Yoga* que têm o propósito de auxiliar o avanço das pessoas, que são praticados a fim de desenvolver faculdades e usados a fim de avançar mais rapidamente — tudo isso é deixado de lado e o *Yoga* é considerado

---

* No original em inglês, a combinação das palavras *narrow* e *straight* sugere a idéia de *conduta pessoal rigorosamente correta.* (N. ed. bras.)

não como um meio de auto-evolução, como estamos acostumados a considerá-lo, mas como a utilização de grandes forças para a elevação e auxílio da humanidade, esquecendo totalmente o avanço de quem as está usando, e sem qualquer pensamento de progresso pessoal da parte daquele que as utiliza para o auxílio da humanidade. Pois, na verdade, todo controle das forças espirituais, toda utilização destas vastas energias, somente estarão ao alcance do homem quando ele tiver transcendido a personalidade e houver aprendido a usá-las exclusivamente para o auxílio de todos. Admitimos facilmente isso nas coisas comuns da vida e reconhecemos a diferença entre aprender o uso de um instrumento e o mero segurar o instrumento sem saber como usá-lo. Uma caneta, por exemplo, é um dos instrumentos mais úteis, mas sua utilidade depende do cérebro e do coração por trás dela, do conhecimento e da habilidade de quem a maneja. Uma caneta nas mãos de uma criança não tem mais utilidade do que um pedaço de pau que a mesma criança possa pegar para usar como brinquedo em seus jogos. Exatamente o mesmo acontece com a captação de forças do mundo superfísico por aqueles que ainda não dominaram a natureza inferior, não eliminaram os desejos pessoais nem se consagraram completamente ao serviço divino. Eles estão na verdade se apossando de um instrumento que pode ser usado para os propósitos mais elevados e nobres; estão de fato colocando suas mãos sobre uma ferramenta que, em mãos que sabem usá-la, pode servir para a salvação da raça humana. Mas, a menos que a natureza espiritual esteja desenvolvida, esta ferramenta falha em seu propósito mais elevado, este instrumento falha em todas suas possibilidades mais nobres. E ele tem a peculiaridade de que, enquanto a caneta que usei como exemplo pode ser comparativamente inofensiva nas mãos de uma criança, a captação daquelas forças por alguém em quem a personalidade não tenha sido eliminada pode se tornar uma fonte de perigo tanto para ele quanto para outros, e pode levar ao retardamento do progresso da raça humana, ao invés da sua elevação. Este é o motivo pelo qual alguns de nós, que aprendemos apenas o alfabeto destas grandes verdades, damos tanta ênfase — enfatizamos até cansar, como sei que alguns de vocês pensam quando lhes estou falando — ao treinamento moral que deve vir antes de todas as tentativas do estudo oculto. Helena P. Blavatsky deu-nos a mesma lição quando ela própria disse que havia cometido um erro ao ensinar parte do alfabeto do conhecimento oculto sem insistir suficientemente no antigo preceito de que o desenvolvimento moral deve vir antes do treinamento oculto, e que o caráter deve ser purificado, elevado e espiritualizado antes que alguém ouse colocar a mão no fechadura do portal oculto. Daí o porquê destas qualificações, que tantas vezes estudamos, serem condições prévias para a iniciação; daí ter sido desde sempre uma exigência que apenas o puro possa entrar, que apenas o altruísta possa vir.

Se falei do passado esta noite, e se relembrei-lhes que entre nós, hoje em dia, o verdadeiro ímpeto da nova vida espiritual fará com que haja atividade em todos os planos inferiores, é porque eu quis trazer a experiência do passado para reforçar uma lição dada tantas vezes desta plataforma, é porque queria adverti-los dos perigos que nos cercam por todos os lados — perigos que alguns de nós estão começando a reconhecer com intensidade, e a reconhecer justamente porque de certa maneira eles nos golpearam, e tornaram, portanto, nosso progresso mais difícil.

Assim, é nosso dever como teosofistas e como futuros estudantes da ciência da alma, sermos cuidadosos para que em todas as coisas o caráter preceda qualquer tentativa de obter poder; que a pureza, o altruísmo, a devoção e a total auto-entrega estejam presentes em nós antes de tocarmos a Arca do ocultismo — pois, sem isso, todo sucesso é uma derrota, sem isso toda tentativa está condenada ao fracasso. E certamente é melhor aprendermos com a experiência do passado do que por meio do amargo sofrimento que se segue à experiência pessoal de hoje; melhor aprendermos através da autoridade dos grandes Instrutores que reiteradamente proclamaram a lição a ter de aprendê-la por meio do sofrimento que surge se lançarmos mão de poderes antes que estejamos prontos para usá-los, se colhermos o fruto do conhecimento antes que esteja maduro para o nosso uso, se quisermos mandar antes que tenhamos aprendido a obedecer, e se nos esforçarmos para obter as forças poderosas do reino espiritual antes de aprender aquela grande lição do Espírito — que é somente doando que o espírito é mostrado, e somente através da total abnegação a verdadeira vida é compreendida. Assim como a própria vida de Deus na manifestação tudo dá sem nada pedir de volta, assim também aqueles que querem alcançar a unidade com Ele e compreender o que significa a vida espiritual devem aprender a dar e não a tomar, a auxiliar, e não a buscar coisas para si, a servir sem esperar nem procurar retorno. Somente à medida que aprendemos isso é que nos tornamos candidatos qualificados para o conhecimento mais elevado. Somente à medida que o coração se torna absolutamente puro, podemos enfrentar a presença do Mestre esperando que, quando "Ele olhar para o coração, não encontre, nele, nenhuma mácula".

Lançamento da Editora Teosófica

A VIDA INTERNA

C. W. LEADBEATER

Escrito com base na profunda vivência espiritual do autor, o livro *A VIDA INTERNA* tem sido útil — e atraente — para milhares de pessoas que buscam conhecer melhor a vida à luz da sabedoria eterna, e que seguem qualquer religião e filosofia, ou nenhuma delas em especial.

Baseado na transcrição de palestras e diálogos com estudantes de teosofia durante encontros informais na Índia no começo do século, este livro aborda temas variados e desafiantes como a vida após a morte, a consciência búdica, o nosso dever ético para com os animais, e a relação interna dos Mestres de Sabedoria com os discípulos e aspirantes ao discipulado. A importância duradoura do seu conteúdo tornou indispensável a sua publicação em língua portuguesa, o que ocorre só agora, mais de 80 anos depois da sua edição original.

Sempre em linguagem direta e coloquial, *A VIDA INTERNA* percorre sua temática diversificada com precisão e ênfase e constitui uma das obras mais importantes de C.W. Leadbeater. Este pesquisador clarividente — um dos teosofistas mais notáveis do século 20 — oferece aqui ao leitor uma visão ampla, generosa e inspiradora do ser humano e do universo.